AF233789

# SAINT DENIS

MARTYRISÉ À MONTMARTRE

PAR

L'ABBÉ VALENTIN DUFOUR

PARIS

Extrait du BULLETIN DU BOUQUINISTE. (N° du 1ᵉʳ novembre 1874.)

*Tiré à 50 exemplaires.*

DU

# LIEU DU SUPPLICE

### DE

## SAINT DENYS

—

#### FUT-IL MARTYRISÉ A MONTMARTRE

———

Un habitant de Montmartre demandait, il y a quelques mois, à propos des travaux d'embellissements qui doivent être entrepris, si il n'y avait pas lieu à l'érection d'un monument destiné à perpétuer la mémoire de cet événement, se fondant sur ce que ce projet, qui n'avait jamais été exécuté, consacrerait une place glorieuse et sainte au haut d'un escalier projeté à l'endroit où, pour la première fois, saint Denys et ses compagnons prêchèrent le christianisme dans les Gaules et reçurent la couronne du martyre. Projet digne du sujet et qu'appréciera l'administration municipale.

La proposition pouvait paraître un peu absolue; voici les recherches auxquelles je me suis livré à cette occasion, et qui continuent mon étude sur les Stations de saint Denys, parue dans le *Bulletin du Bouquiniste* au mois de mai 1872.

Il n'est pas exact de dire que l'Apôtre de Paris *préchait pour la première fois dans les Gaules,* puisqu'il avait converti par lui où ses disciples une partie du Parisis, du Meldois et des pays dont Rouen et Chartres étaient les métropoles.

Avancer que jamais monument n'a consacré ce souvenir, c'est nier, sur la montagne de Montmartre, l'existence d'oratoires dédiés à saint Denys et préjuger une question qui n'est rien moins que résolue et qui ne le sera jamais probablement faute de preuves. Que penser de l'assertion : « *C'est là… juste au haut de l'escalier projeté.* »

La mort de saint Denys n'est pas le point le moins obscur de sa vie ; fut-il victime de la persécution d'Aurélien ou antérieurement de celle de Valérien ? Mais on a toujours été d'accord sur le genre de supplice qui la termina : *la décapitation*. Quant au lieu où elle s'accomplit, les uns l'ont placé dans la Cité, à Saint-Denys-du-Pas, oubliant que les anciens exécutaient hors des villes ; d'autres, le plus grand nombre, ont choisi Montmartre ; c'est ce qui constitue une tradition presque universelle.

On pourrait contester à Montmartre son étymologie de *Mons-Martyrum* ; Lebœuf dit que Hilduin a le premier imposé ce nom, trompé par une église construite longtemps après son supplice.

Un certain nombre d'antiquaires la font venir de Mars ou de Mercure qui y auraient eu chacun un temple ou au moins une statue. Lebœuf, qui doute de ce fait, aime mieux voir dans le changement de nom, relativement moderne, le souvenir d'autres chrétiens, compagnons peut-être de saint Denys, martyrisés avant, après ou avec lui, et dont les reliques étaient conservées dans l'église paroissiale.

Dans cette divergence d'opinions, on n'a pour s'éclairer que des documents historiques, malheureusement incomplets ou contestés, e la tradition même de saint Denys.

On ne peut contester la valeur de *Grégoire de Tours*, comme historien, témoin presque contemporain, écrivain sérieux, sincère et élégant. « Le *B. Denis*, dit-il, *termine enfin sa vie sous le glaive.* » Du lieu du supplice, il n'en dit mot, probablement parce qu'il l'ignorait.

Les actes, sinon apocryphes, au moins arrangés par un anonyme, qu'on croit moine de Saint-Denys, disent *qu'il fut décapité, sans spécifier le lieu du supplice.*

L'auteur, manquant de détails sur la vie de saint Denys, a caché la pauvreté du fonds sous l'élégance de la diction ; ses emprunts maladroits font suspecter sa bonne foi, au moins dans certains détails.

Cet auteur nous fait connaître des particularités intéressantes de la vie de Dagobert qui vivait cent cinquante ans auparavant ; mais il ignore les faits dont il aurait pu avoir connaissance par la biographie de saint Denys, dont la mort remontait, selon lui, à cinq ou six cents ans.

Si cet auteur n'est pas croyable en bien des choses qu'il attribue à Dagobert, presque son contemporain, comment ajouter foi à ce qu'il avoue touchant le martyre de saint Denys à Montmartre?

Il fut l'inventeur vraisemblablement de l'aréopagitisme, qui ne fut que trop bien exploité par son successeur Hilduin.

Hilduin vivait plus de six cents ans après et même sept cents, si son calcul est véritable. On doit donc mettre au rang des interpolations et par conséquent des choses douteuses que saint Denys ait été martyrisé sur la montagne de Montmartre.

On sait combien cet abbé de Saint-Denys, sous Louis le Débonnaire, trop crédule et ardent à embrasser un sentiment favorable à son église, soutint dans sa lettre à l'empereur ce sentiment qui avait contre elle la tradition, et une tradition si ancienne qu'Usuard l'inséra hardiment dans le martyrologe qu'il présenta à Charles le Chauve.

Cependant on ne rencontre dans sa *Vie de saint Denys* aucun fait nouveau, quoiqu'il prétende avoir eu connaissance de sources inconnues avant et après lui; aussi ne trouve-t-on aucune mention du jour, du mois, de l'année, non plus que du *lieu* du martyre de saint Denys.

Il se contente de dire : *Les élus du Seigneur furent livrés au bourreau et conduits au lieu du supplice. Ad pœnalia loca.*

La tradition est le plus fort argument que l'on puisse invoquer, mais elle est tellement vague *dans les termes : le Parisis, le Mont des Martyrs,* qu'on n'en peut rien conclure sur le sujet qui fait la matière de cette note.

Comme les hagiographes, les chroniqueurs se sont plus ou moins répétés, sans mentionner Guilbert de Metz, qui a copié le naïf *Raoul de Presles,* nous nous bornerons à invoquer des critiques plus sérieux.

« En ce temps s'en alla le frère Richart, et le dimanche devant dit qu'il s'en devait aller, fut dit parmy Paris qu'il devait aller prescher *au lieu ou bien près* où le glorieux martyr monsieur saint Denys avait été décollé et maint autre martyr. » (*Journal de Paris* sous Charles VI et Charles VII, année 1429.) Félibien, dans son *Histoire de saint Denys,* consent à placer l'exécution hors la ville, sur une éminence, abattue depuis, dépendant de Montmartre, ne voulant pas contredire les partisans de Montmartre ni ceux de *Catalocus* qu'on place à La Chapelle, ou à l'Etrée, près Saint-Denis, ou dans la ville actuelle de Saint-Denis.

Longueval, dans son *Histoire de l'Eglise gallicane*, nous apprend, par une tradition appuyée sur d'anciens monuments (qu'il oublie de mentionner), que ce fut sur une montagne proche de Paris, nommée depuis ce sujet *Mont des Martyrs*.

L'abbé Lebœuf, qui avait voulu le voir dans le *Catalocensis vicus*, d'une *Vie de sainte Geneviève*, au milieu du VI° siècle, où avaient souffert saint Denys et ses compagnons, *in quo sanctum Dionysum cum sociis suis passus est*, a dû revenir au sentiment commun et convenir que ce territoire, fût-il Saint-Denis ou La Chapelle, on pouvait admettre qu'il comprenait le Mont des Martyrs et par conséquent le lieu du supplice, ce qui ne fait pas avancer la question d'un pas. Dans son *Histoire du diocèse de Paris*, il constate, sous Louis le Chauve, l'existence d'une église sous le vocable de saint Denys sur la montagne appelée depuis peu *Mons Martyrum*, quoiqu'on ne puisse pas en inférer plus que de l'autel consacré dans l'église de l'abbaye par Eugène III, en 1137, que ce fût le lieu du martyre.

« La rue des Martyrs est la continuation de la rue du Faubourg-Montmartre, depuis la barrière jusqu'à Montmartre même. Une chapelle appelée du *Saint-Martyre*, et l'opinion où l'on croit que saint Denys et ses compagnons y ont été décapités lui ont fait donner ce nom qui ne se trouve que sur un plan moderne de Paris. » (Jaillot, II, 35, quartier Montmartre.)

Par cette expression *Mont des Martyrs*, on ne doit pas entendre nécessairement saint Denys et ses deux compagnons, puisque d'autres qu'eux paraissent y avoir souffert. Ce n'est, au reste, que sur le témoignage d'Hilduin que l'on a cru que c'était sur cette montagne qu'ils avaient été décollés, et le nom de l'église bâtie sur la même montagne fut le fondement de son opinion.

Un érudit et un antiquaire contemporain, M. Alb. Lenoir, dans la *Statistique monumentale de Paris*, a commencé les *Stations de saint Denys;* mais ni celle du martyr ni le texte n'étant encore parus, on est privé d'une autorité précieuse.

Dans ses consciencieuses études historiques sur Montmartre, M. de Trétaigne rapporte *la version la plus accréditée* sur la mort et le supplice de l'Apôtre de Paris, et, sans croire à l'aréopagitisme de saint Denys, rapporte, sous forme restrictive, la mort du saint évêque en suivant la version du propagateur de l'aréopagitisme.

On sait quel fonds faire sur les assertions d'Hilduin.

« Ils furent ramenés sur le penchant méridional de Montmartre, près de l'endroit où l'on *croit* que se trouvait le temple de Mars, et là ils furent tous les trois décapités. »

*E regione idoli mercurii ad locum constitutum educti ad decollationem sunt genua flectere jussi.* (Areop., v° 116.)

Le texte cité plus haut est loin d'être aussi précis, est-ce distraction ou concession faite aux préjugés locaux, toujours est-il qu'on n'en saurait tirer une indication précise ?

Même hésitation se retrouve dans les Bollandistes qui font mourir saint Denys à Montmartre, admettant, jusqu'à preuve du contraire, l'autorité de cette tradition très-ancienne et qui n'a rien que très-vraisemblable, mais ils n'osent pas dire que ce fut dans telle région plutôt que dans telle autre.

En résumé,

En l'absence des actes authentiques de saint Denys, du témoignage d'un contemporain, d'aucun document écrit ou autre, on n'a pour guide qu'une tradition qui, remontant seulement au IX° siècle, nous apprend que saint Denys et ses compagnons auraient souffert le martyre sur le versant méridional de Montmartre, sans préciser l'endroit, ce qu'il serait de nos jours matériellement impossible de faire, car on n'a jamais retrouvé des vestiges des prétendus temples païens de Mercure et de Mars, si tant est qu'ils aient jamais existé. D'où on peut conclure en bonne critique que le lieu du martyre de saint Denys ne pourra jamais être déterminé rigoureusement.

Dans la chapelle de Saint-Denys, autrefois des *De Bar*, à la cathédrale de Bourges, on voit un curieux vitrail du XV° siècle, composé de seize panneaux renfermant la légende de saint Denys avec un texte explicatif, dont les inscriptions sont souvent effacées.

Voici le texte des sujets :

Denys explique l'éclipse qui eut lieu à la mort de Jesus-Christ.

Saint Paul prêche à l'aréopage.

— Il baptise Denys et sa femme.

— Il sacre Denys évêque.

Denys en prison... [illegible]

Il guérit un aveugle.

— est flagellé.

— mis en prison.

— jeté aux bêtes.

— lié sur un cheval.

— étendu sur un gril.

— jeté dans une fournaise.

— mis en croix.

— reçoit la communion de la main de Jésus-Christ.

— est décapité avec ses compagnons.

— porte sa tête entre ses mains.

Au tympan, anges adorateurs; au sommet, le Christ ten[ant le] globe.

C'est la *Légende dorée* amplifiée dans les scènes qui représ[entent] son martyre; le saint, dépouillé de ses vêtements, un simple [linge] autour des reins, est toujours coiffé de sa mitre. Ce sujet a ét[é pu-]blié dans les *Vitraux de Bourges* par les PP. Cahier et Martin.

Le dernier sujet se recommande à l'attention des iconophiles pa[ri-]siens; le fond laisse voir les *Monjoies sur le chemin de Saint-D[enis,] l'Abbaye, le Mont des Martyrs et Paris.*

C'est une des rares représentations de Paris qui nous soient re[stées] de cette époque, et à ce titre, plus peut-être que pour sa [valeur,] elle mérite d'être signalée à l'attention des amateurs de l'hist[oire du] vieux Paris.

L'abbé V. Duroux.

9 octobre 1871.

www.ingramcontent.com/pod-product-compliance
Lightning Source LLC
LaVergne TN
LVHW010245030726
842520LV00007B/2770